Livre de coloriage dinosaurs

Pour les enfants de 4 à 10 Ans

Nom : ……………………

Prénom : …………………

Soufiane GHM

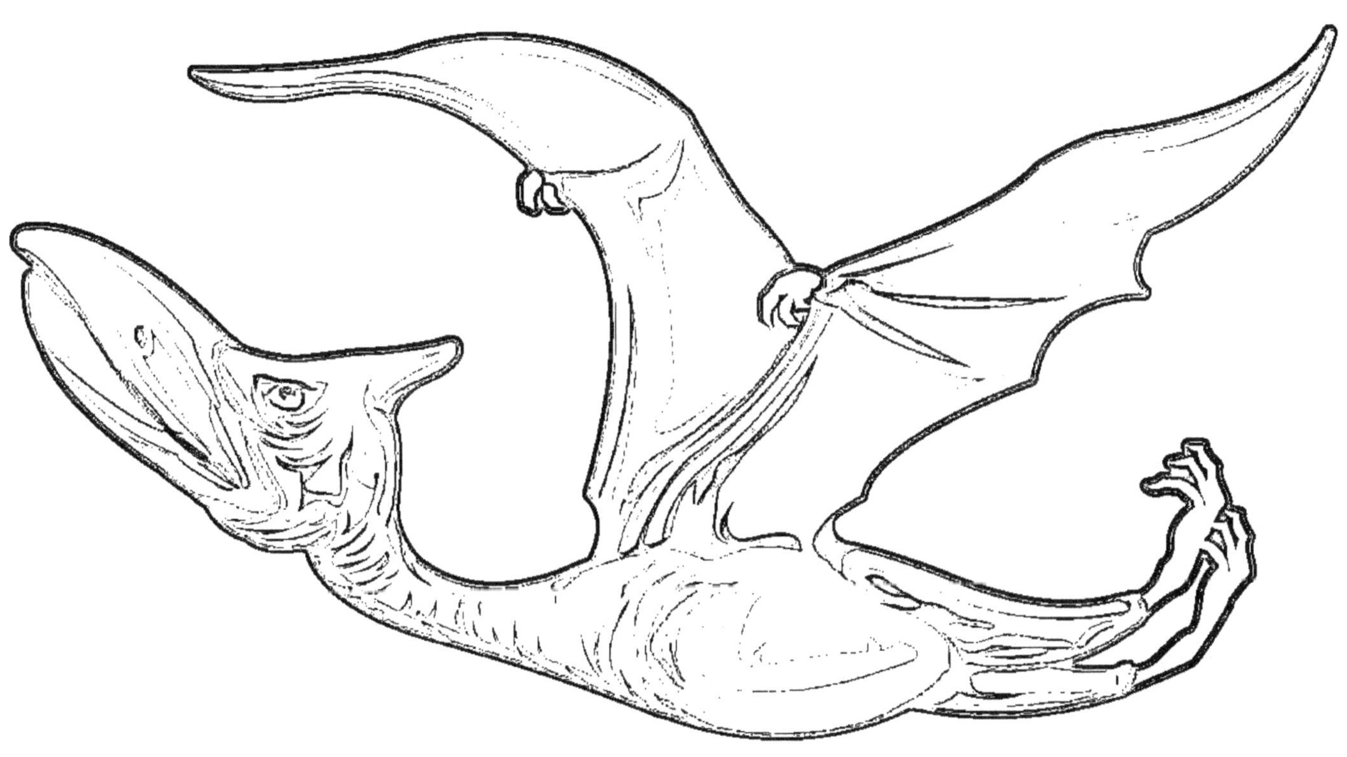

1
2
3

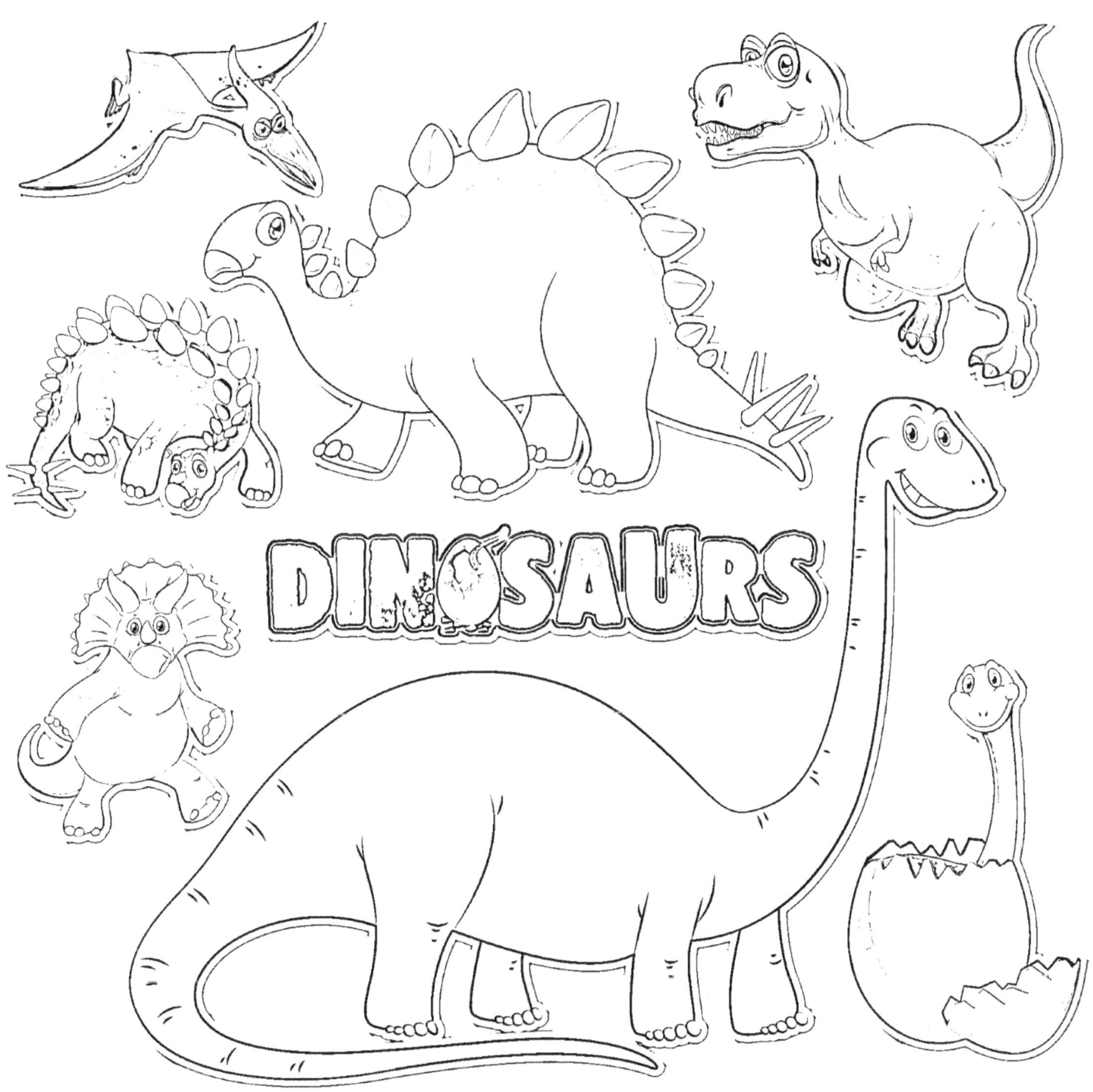
DINOSAURS

www.ingramcontent.com/pod-product-compliance
Lightning Source LLC
Chambersburg PA
CBHW080227260726
48658CB00008B/3021